AF263878

DE LA

RÉORGANISATION

POLITIQUE & SOCIALE

DE LA FRANCE

PAR LA LOI ÉLECTORALE

—

PAR UN PUBLICISTE

PRIX : **60** centimes

REIMS

IMPRIMERIE V. GEOFFROY & Cie

24, rue Pluche, 24

—

1872

DE LA
RÉORGANISATION

POLITIQUE & SOCIALE

DE LA FRANCE

PAR LE SUFFRAGE UNIVERSEL

Le Suffrage universel
considéré dans ses éléments actuels,
dans ses résultats connus
et dans son influence possible
sur la réorganisation politique et sociale
de la France.

25 Juin 1872.

Le suffrage universel actuel est jugé.

Il n'a produit, depuis qu'il existe, que des résultats capricieux et contradictoires, tantôt conservateurs, tantôt révolutionnaires, tantôt négatifs, et non moins impuissants pour faire le bien que pour empêcher le mal.

Illogique et inconscient de ses votes, on l'a vu ramper aux pieds d'un aventurier, qu'il brise le lendemain pour élever à sa place ceux-là mêmes qu'il repoussait la veille.

Cette mobilité, ces oscillations en sens contraires, du terrain qui porte nos destinées, effraient à bon droit les hommes qui réfléchissent, et leur inspirent pour l'avenir les craintes les plus justifiées.

L'élection au scrutin de liste, avec les éléments actuels du corps électoral, n'est qu'un jeu de hasard, dont l'atout est entre les mains des ouvriers et des émancipés de 21 à 25 ans, plus ou moins affiliés à l'Internationale, à laquelle ils apportent invariablement le concours et l'appoint de leur ignorance, et le plus souvent, de leurs passions et de leurs haines instinctives contre tout ce qui est au-dessus d'eux.

———

La classe ouvrière et la jeunesse en général, celles surtout résidant dans les villes, ont méconnu la sainteté et la grandeur des devoirs auxquels la confiance du pays les avait appelées.

C'est à ces deux éléments turbulents, c'est aux agitateurs et aux bavards oisifs des villes, dont la plupart sont des imberbes à peine majeurs, c'est à cette population flottante, ignorante et inconsciente d'elle-même et des choses qui l'entourent, sans responsabilités, le plus souvent sans domicile et sans famille, sans intérêt et sans liens d'aucune sorte, qui la rattachent à l'ordre, c'est à cette fraction aveugle, remuante, livrée sans frein à tous les excès de l'ivrognerie et de la débauche, et toujours acquise aux premiers intrigants ou folliculaires ambitieux qui savent s'en emparer, que nous devons d'avoir vu siéger dans nos assemblées nationales et communales, de par le suffrage universel, les représentants les plus avancés du désordre, de l'impiété et de la révolution permanente.

———

Et notre malheureuse société est tellement blasée sur tous les genres de maux et d'expérimentations qui l'ont successivement conduite à sa perte, qu'elle a pu voir sans effroi le suffrage universel proclamer l'égalité du fils avec le père, et armer ce jeune drôle, sans intelligence, sans discernement, sans conduite, du droit impie de braver, de combattre, que dis-je, d'annuler dans le secret du scrutin, le vote du père de famille.

C'est la guerre intestine, la guerre du foyer domestique érigée en loi, et préludant légalement et sournoisement aux explosions qui ont ébranlé deux fois notre pays en vingt ans.

Cette double expérience nous éclairera-t-elle ?

Je n'ose l'espérer.

La pratique actuelle du suffrage universel a produit deux effets logiques : la consécration et le règne de l'individu, et la démission forcée de la famille.

———

Le père de famille, cette magistrature primitive et sacrée, si vénérée de l'antiquité, ne compte plus parmi nous que comme le géniteur selon la chair, et n'est plus, dans notre fonctionnement politique et social, qu'une humble unité, valant tout juste le dernier de ses fils et le dernier de ses valets, dont les bulletins vaudront et annuleront le bulletin du père et du maître, dans l'urne de l'égalité.

En effet, les bulletins ne se pèsent pas, ils se comptent.

Voilà comment deux vauriens, deux vagabonds de l'Internationale pèsent plus, dans les destinées du pays, qu'un honnête homme, qu'un homme de raison et d'expérience.

Voilà comment de jeunes garnements, qui le plus souvent n'ont rien à perdre, pas même le travail déserté par eux, apportent aux révolutionnaires l'appoint décisif de leurs votes !

Et, comme il y a parmi nous plus d'aveugles volontaires que de clairvoyants, plus de folie que de raison, plus de passions et de mauvais instincts que de sagesse et de modération, il arrive que les honnêtes gens, que les pères de famille, que les électeurs éclairés s'éloignent des scrutins, pendant que la portion turbulente des électeurs, esclave des mauvaises passions et des idées démagogiques, se précipite avec ordre et discipline — les seuls qu'elle connaisse — vers les urnes désertées par la majorité, et d'où la minorité sort trop souvent triomphante par notre faute. Aussi, chacun de nous peut mesurer la distance qui nous sépare de l'abîme vers lequel nous courons, si une mesure énergique ne vient pas nous sauver.

—

Le mal qui nous perd réside dans trois causes parfaitement définies :

1º La philosophie universitaire et l'impiété de l'enseignement, érigée en système et en corps de doctrines, qui enveloppe toute la jeunesse française, et qui corrompt toutes les sources auxquelles elle vient puiser ses premiers éléments de morale et d'instruction.

2° La liberté illimitée de la presse, dont les délits ne sont plus justiciables que du jury, c'est-à-dire des adeptes dressés par l'Université et par la presse elle-même, à encourager ces mêmes délits par des acquittements qui font frémir pour l'avenir de notre société.

3° Enfin la loi électorale actuelle, qui admet à se prononcer sur les destinées du pays, sur les questions d'impôts et de finances, d'administration, de paix ou de guerre, des légions d'indignités et d'incapacités, qui n'ont aucune notion des choses, si ce n'est celle du mal; qui, le plus souvent, ne possèdent aucune ressource, qui ne connaissent, en fait de morale, que les préceptes de la morale indépendante, et qui ne reçoivent d'autres inspirations que celles des cabarets ou des journaux vendus à la révolution.

Voilà les électeurs de par le suffrage universel, dont les votes sont la docile expression des doctrines que la mauvaise presse et les enseignements universitaires ont répandues dans toutes les couches de la population, comme d'innombrables atomes de corruption intellectuelle et morale.

Voilà les trois sources empoisonnées d'où découlent tous nos maux, toutes nos misères, et où il nous faut porter le remède, d'une main ferme et courageuse.

———

La société, si ouvertement menacée, si audacieusement attaquée, se doit à elle-même de veiller à sa propre sûreté, avec la vigilance d'un égoïsme implacable, tel que l'autorisent et l'exigent ses périls récents, ses plaies encore saignantes et la nécessité suprême de son salut et de sa conservation.

C'est à vous, majorité de l'Assemblée nationale, à vous qui avez eu la bonne fortune de franchir la période sanglante de la démagogie, et qui êtes sortie de la partie saine de la population, c'est à vous que reviennent et le droit et le devoir de sauver notre malheureuse société, et d'édicter, sans vous laisser arrêter par d'indignes manœuvres, les mesures les plus propres à assurer cette œuvre de résurrection sociale.

Il est temps que l'Assemblée cesse de s'abandonner elle-même, et qu'elle impose à la politique de M. Thiers une marche plus franche, plus ferme et plus résolue, vers la solution immédiate des problèmes qui agitent la société, et que, par un étrange besoin d'opposition ou d'une popularité malsaine, il semble se plaire à ajourner, pour se rendre indispensable.

Il n'y a point d'homme indispensable.

La vérité seule l'est, parce qu'elle est la lumière, et c'est cette vérité que l'Assemblée doit faire prévaloir, dans l'intérêt du pays, contre les sophismes qu'on lui oppose.

Il est certain que si l'Assemblée ne sait pas sortir, par une résolution virile, de la situation fermée et de l'impuissance où la met la politique inerte et douteuse qu'elle se laisse imposer, la solution se fera nécessairement contre elle, à un moment donné, par des moyens révolutionnaires dont les gouvernements d'aventures ont seuls le secret.

—

La question est nettement posée : Monarchie ou Ré publique.

La République est impuissante, on le sait, à se gouverner elle-même.

Les royalistes se prêteront-ils longtemps à ce jeu de dupes, consistant à tenir le gouvernail pour le compte d'adversaires dont le premier soin, en touchant le port, ils ne s'en cachent pas, sera de jeter leurs pilotes à la mer ?

La loi électorale ! voilà l'arme offensive et défensive par laquelle la majorité peut assurer le triomphe de ses principes, et fermer pour longtemps l'ère sanglante des révolutions.

La loi électorale, c'est la base nécessaire, indispensable, de la constitution et de la reconstruction du pays, c'est vers cette loi de salut que doivent se porter tous les regards, toutes les préoccupations de la majorité.

Que tous les députés sincèrement animés de l'amour de leur pays, et dévoués aux principes d'ordre et de stabilité, si nécessaires à notre pauvre France, se consacrent avec ardeur à cette œuvre du plus pur patriotisme.

On ne peut nier que les abords du scrutin ne soient aujourd'hui occupés, obstrués par une tourbe de jeunes brouillons, non moins indignes qu'incapables, qui ne peuvent prétendre représenter la véritable opinion du pays, et dont ils empêchent au contraire la sérieuse manifestation, en en faussant l'expression légale, et en donnant aux idées anarchiques une force numérique qui n'est qu'à la surface, et contre laquelle s'élèvent, des profondeurs du sol, d'énergiques protestations.

C'est cette cohue d'indignités et d'incapacités, instruments dociles et aveugles de la Révolution, qu'il faut élaguer, soit en reculant, soit en échelonnant ses votes, et y attachant telles conditions d'âge ou autres qui en rompent le faisceau, et assurent l'accès du scrutin à des votes plus murs, plus conscients et plus responsables.

Est-ce à dire que je veuille supprimer le suffrage universel, et le remplacer par le suffrage restreint ?

Loin de moi cette pensée ; le suffrage universel est entré dans nos mœurs, il faut l'y laisser, mais à la condition de le réglementer, de l'expurger de tous les éléments qui le corrompent et le déshonorent, et lui font dire ce qu'il ne pense pas, et taire ce qu'il pense.

J'ai la conviction profonde que les modifications que je propose à la loi actuelle obtiendront cet heureux résultat, et résoudront ce difficile problème de moraliser et transformer le suffrage universel, et de le conquérir aux idées d'ordre, sans toucher au principe sur lequel il repose.

Examinons rapidement le projet dans lequel j'ai formulé, à la suite de ce travail, une partie de mes idées sur cette délicate matière.

ARTICLE PREMIER DU PROJET.

Par l'article 1er de mon projet, je recule à vingt-cinq ans l'âge auquel tout Français sera désormais électeur.

Les idées anarchiques et révolutionnaires recrutent,

on le sait, leurs principales forces parmi les célibataires de 21 à 25 ans, période de la vie la plus agitée, la plus accessible aux passions de toute nature, et la plus facile à entraîner dans les entreprises les plus téméraires. En effet, l'homme de 21 à 25 ans, dans les classes ouvrières surtout, n'a en général ni position faite, ni établissement fixe, ni domicile, ni intérêt appréciable qui soit de nature à contrebalancer les influences pernicieuses de son entourage habituel.

Les employés du commerce et de l'industrie, compris dans cette limite de 21 à 25 ans, peuvent être, en grande partie, classés dans cette catégorie, avec laquelle ils votent presque toujours, ainsi que les élèves des écoles de droit, de médecine et autres écoles publiques, dont ils portent encore, tout frais et tout palpitants, les stigmates philosophiques et anti-religieux.

Toute cette jeune, ardente et nombreuse génération, qui n'a encore ni idée assise, ni position faite, ni intérêt personnel déterminé, appartient nécessairement, fatalement à l'opposition, à laquelle elle apporte, au moment des élections, la force redoutable du nombre, de l'activité, d'une intelligence relative, d'une instruction idem, le tout mis en jeu par une ardeur et des passions juvéniles, peu scrupuleuses sur le but et encore moins sur les moyens.

Voilà les auxiliaires, voilà les votes inévitablement acquis à toute candidature hostile à la religion et à l'ordre social.

Voilà les éléments dangereux, plus inconscients peut-être encore que réellement révolutionnaires, qu'il importe d'éloigner temporairement du scrutin, jusqu'à ce que les années ou les circonstances de famille leur aient apporté leur contingent naturel de raison , de maturité et d'expérience (1).

Article 1er DU PROJET, *portant obligation de deux ans de domicile, et justification du paiement d'une contribution mobilière.*

On n'est véritablement *citoyen* d'une commune qu'à la condition :

1° D'y avoir un domicile réel , ce que l'on appelle vulgairement *être dans ses meubles ;*

2° Et de contribuer aux charges de la communauté, par le paiement d'une contribution mobilière quelconque , indépendamment de la *cote personnelle,* due par tout habitant.

On sait qu'il y a des classes très-nombreuses d'individus qui n'ont aucun domicile fixe, qui ne paient aucune espèce d'impôt, qui n'ont par conséquent aucun intérêt déterminé dans la localité qu'ils habitent aujourd'hui, qu'ils quitteront demain, dans laquelle ils sont tout-à-fait étrangers, et aux votes de laquelle cependant ils apportent, dans la pratique actuelle du

---

(1) On remarquera que la fixation de l'électorat à l'âge de **25** ans accomcomplis, éliminera près de 1,500,000 électeurs (1,487,100) qui sont ceux-là surtout dont les votes sont, en immense majorité, acquis à la révolution.

Or, 1,487,100 voix, réparties entre les 750 députés, font un appoint de 1,982 voix, et pour apprécier l'importance de ce chiffre, il faut se rappeler qu'un très-grand nombre d'élections radicales ne se sont faites qu'à une très-faible majorité, quelques centaines de voix que l'on pourrait presque affirmer avoir été fournies par les électeurs de 21 à 25 ans, qui se gardent bien de s'abstenir.

Il y a dans ce fait toute une révélation.

suffrage universel, un élément qui vicie complétement l'expression de l'opinion locale, élément nomade qui, après avoir faussé le scrutin d'une commune, ira bientôt porter le même trouble dans une autre.

C'est à ce grave inconvénient que j'ai voulu obvier par les deux dispositions que renferme l'article 1er de mon projet.

ARTICLE 3 DU PROJET.

Cet article consacre et développe une mesure nouvelle, en matière électorale, en étendant à certains cas déterminés les interdictions et suspensions édictées par la loi actuelle.

Il fait du droit d'épuration, que je propose d'introduire dans notre code électoral, un instrument de moralisation, qui n'est que trop nécessaire et qui ne trouvera que trop à s'exercer au milieu des débris dont la décomposition sociale a jonché notre sol.

L'électorat est une magistrature qui touche à tous les intérêts vitaux du pays, et dont l'exercice était entouré, chez les Romains, des plus rigoureuses conditions de moralité. La recherche de cette moralité formait une des attributions les plus importantes des Censeurs.

Il m'a semblé qu'une société malade comme la nôtre ne perdrait rien à voir s'exercer au sein du corps électoral une censure imitée du peuple-roi, une épuration tendant à éloigner du scrutin tous les éléments reconnus indignes ou incapables.

C'est en laissant dans l'exercice de leurs fonctions les membres véreux d'un corps, que ce corps finit par être atteint lui-même, et par tomber bientôt en dissolution.

J'ai d'ailleurs entouré cette épuration électorale de toutes les garanties qui peuvent assurer à la fois et les intérêts de l'électeur et les intérêts de la société.

Il ne peut être douteux pour personne que l'application sérieuse de ce mode d'épuration électorale ne produise, dans un temps donné, les plus heureux effets sur la moralité des votants et la *qualité* des votes.

Cette appréciation ne peut être combattue que par ceux qui ont un intérêt quelconque à envoyer au scrutin les ivrognes, les débauchés, les vagabonds, la lie et la honte de la commune.

ARTICLE 15 DU PROJET.

Du droit de *veto* du père de famille.

J'aborde dans ce chapitre un ordre d'intérêts tout-à fait nouveau en matière électorale, et qui a pour objet d'introduire dans le vote une force nouvelle, un élément salutaire de moralisation, et surtout de relever l'autorité paternelle, si effacée aujourd'hui par les doctrines qui gouvernent la « société moderne. »

La famille, on le sait, n'existe pas dans le code de la démagogie internationale, qui ne pouvait conserver ce sanctuaire antique et sacré de la morale et de l'autorité naturelle.

Et il faut bien le confesser à notre honte, la société n'est pas étrangère à cette œuvre impie de la révolution matérialiste.

Cette autorité, en effet, a reçu le dernier coup, le jour où le fils de 21 ans a eu le droit de déposer son vote en opposition avec le vote paternel.

De ce jour le faisceau a été rompu, la division et l'antagonisme sont entrés dans le sanctuaire de la famille, le fils s'est cru autant que le père, plus que la mère et les sœurs, plus que les frères mineurs, l'individu s'est dressé contre la tradition autoritaire ; et comme le père n'est qu'*un*, tandis que les fils sont *un, deux, trois, quatre* et quelquefois *plus*, le père est descendu au rôle d'un chiffre qui ne compte que pour mémoire dans la minorité, tandis que les fils, en majorité, se partagent la souveraine puissance, assurée aux plus grosses agglomérations d'*unités*.

Voilà où en est aujourd'hui la famille, voilà l'image, le type de la société française, qui s'est laissé décapiter, qui a mis de ses propres mains le faîte à la base, et qui a arraché la prépondérance politique à l'autorité de la raison et de l'expérience, pour la transporter aux émancipés de l'orgueil, de l'ignorance et des passions.

Je propose de rendre au père de famille son autorité et son auréole, en lui déférant le droit d'interdire le vote à son fils ou à celui de ses fils dont il aura de sérieux motifs de se plaindre, dans le secret de la famille, sans que les faits aient aucun caractère public qui les soumette à l'action ostensible de la loi.

Par ce droit de *velo*, qui le grandit aux yeux de ses enfants, il redevient le chef *politique* de sa maison, comme il en est le chef civil, il reprend son titre auguste de PÈRE DE FAMILLE, ce titre que l'antiquité entourait de tant de respect, de vénération, de puissance même, et dont nous avons fait ce que l'on sait, une nullité livrée aux railleries de la nouvelle génération.

———

Ce droit d'interdiction donné au père de famille aura cet autre avantage de le relever à ses propres yeux et aux yeux des siens, par l'investiture légale d'un droit nouveau qui demande et suppose la raison et l'expérience, et qui n'intéresse pas moins l'avenir de ses enfants que la paix et la prospérité de son pays.

« Il y a plus de vices, a dit Montesquieu, qui viennent de ce que l'on ne s'estime pas assez, que de ce que l'on s'estime trop. »

Honorons donc le père de famille, si nous voulons qu'il s'honore lui-même, et qu'il se fasse honorer et craindre de ses enfants.

ARTICLE 23 DE MON PROJET.

Du vote obligatoire.

J'ai cru devoir proposer de rendre le vote obligatoire, sous des pénalités que l'on ne trouvera pas trop sévères, si l'on se reporte aux proportions effrayantes des abstentions, et aux dangers de toute sorte auxquels elles exposent le pays, qui se trouve ainsi livré sans contrepoids aux entreprises du parti de la violence.

Tous les partis étant soumis à la même obligation et aux mêmes pénalités, on ne dira pas, du moins, que nous voulons confisquer les votes à notre profit.

———

QUELQUES MODIFICATIONS

A LA LOI ÉLECTORALE ACTUELLE.

De l'électeur.

1.

Est électeur tout Français, âgé de 25 ans accomplis, jouissant de ses droits civils et justifiant de deux années de domicile, au premier jour de l'année dans laquelle a lieu l'élection, et du paiement de la cote mobilière afférente à son loyer, et justifiée par la quittance ou déclaration du percepteur, indépendamment de la cote *personnelle* due par tout habitant.

2.

Nul ne pourra prendre part au vote qu'après avoir accompli l'obligation du service militaire dans les conditions établies par la loi à intervenir.

Les militaires en activité de service ne pourront prendre part aux élections.

De la suspension ou de l'interdiction du droit électoral.

3.

L'exercice du mandat électoral pourra être temporairement suspendu ou interdit définitivement, dans les cas suivants, indépendamment de ceux déjà établis par la loi :

L'habitude constatée de vagabondage, d'ivrognerie et de débauche;

L'habitude de cris et injures sur la voie publique et de voies de fait envers sa femme légitime, et envers ses père et mère, et autres ascendants, et les condamnations subies pour l'un de ces faits ;

L'abandon de son ménage, et la dissipation habituelle de son salaire dans les chômages et les débauches du lundi, ou autres jours fériés ou non fériés ;

L'habitude constatée de propos injurieux ou blasphématoires dans un lieu public, contre un des cultes reconnus par l'Etat, ou ses ministres ;

L'affiliation à une société secrète interdite par la loi ;

Les condamnations pour les crimes de droit commun définis par la loi, et pour les délits ci-après :

Délit d'injures, calomnies, outrages et diffamation commis par la voie de la presse, ou autrement, contre les particuliers, ou contre l'un des cultes reconnus par l'Etat, ou ses ministres;

Délit de coalition suivie de violences ou voies de fait ayant pour but l'interruption forcée du travail individuel ou collectif.

Du Conseil de famille.

4.

Les cas ci-dessus de suspension ou d'interdiction seront constatés par un *Conseil de famille* siégeant au chef-lieu de canton, lequel se réunira tous les trois mois, et délibérera sur les faits établis soit par la notoriété, soit par les rapports écrits ou oraux des agents régulièrement commis par le Conseil pour recueillir les renseignements sur lesquels ledit Conseil aura à statuer.

Le Conseil de famille sera composé du juge de paix, de son suppléant et de trois autres personnes désignées par le Conseil général.

Les trois derniers membres seront renouvelés tous les ans, et pourront être réélus.

5.

Aucun rapport ne sera admis s'il n'est attesté par la signature de trois électeurs notables ou patentés, domiciliés dans la commune.

6.

Les électeurs qui seront l'objet des rapports ci-dessus seront invités à se présenter en personne, devant le Conseil de famille, pour fournir les explications sur les faits qui leur seront imputés.

7.

Il leur sera envoyé à cet effet, et sans frais, une citation à comparaître dans les trois jours. Si, après ce délai, l'électeur n'a pas comparu, le Conseil de famille passera outre, et prendra telle décision que de raison.

8.

Les décisions du Conseil de famille seront transcrites sur un registre spécial et signées de tous les membres qui y auront pris part.

9.

Une copie certifiée en sera envoyée, trois jours après sa date, par les soins du président, au Conseil général du département, avec les explications fournies par les électeurs incriminés.

10.

Le Conseil général délibérera en *séance publique*, à sa plus prochaine réunion, et prononcera à la majorité, sur les mesures proposées par les Conseils de famille.

11.

La décision du Conseil général sera expédiée dans les huit jours de sa date, au Conseil de famille qu'elle concerne, et sera affichée pendant quinze jours à la porte de la mairie et de l'église, dans les communes rurales, et à la porte de la mairie et autres lieux d'affichage public, dans les communes urbaines.

12.

L'affiche portera les nom, prénoms, âge, profession et domicile de l'électeur interdit ou suspendu, et les motifs de la mesure dont il est l'objet.

Les frais d'affichage seront supportés par les communes, dans la proportion des affiches y apposées.

13.

La suspension ou l'interdiction de l'électeur s'appliquera aux élections politiques, municipales et départementales.

14.

Quinze jours avant celui fixé pour une élection quelconque, il sera affiché, dans les formes ci-dessus, un tableau de toutes les exclusions ou suspensions prononcées dans chaque commune, depuis la dernière élection.

Du droit de *veto* du père de famille.

15.

Tous les cas d'indignité ne se produisent pas au grand jour, et peuvent par conséquent échapper aux suspensions ou interdictions prononcées soit par la loi, soit par les conseils de famille ; ce sont les cas trop fréquents où les pères et mères ou grands parents ont des plaintes trop fondées à faire de leurs fils ou petits-fils, pour des actes coupables qui se passent dans le secret de la famille, et qui empruntent à leur nature intime un caractère plus grave encore de culpabilité et d'indignité.

Pour ce motif le père, et à son défaut, pour cause d'empêchement ou de décès, la mère ou l'un des grands parents, à défaut l'un de l'autre, a le droit d'interdire le vote à son fils, petit-fils ou gendre, par une simple déclaration faite entre les mains du président du Conseil de famille ou de son délégué, qui en donnera récépissé.

La déclaration ne devra mentionner aucun motif et ne sera valable que pour la prochaine élection. Elle devra être faite huit jours au moins avant le vote.

Le Conseil de famille prendra en vertu de cette déclaration les mesures nécessaires pour assurer à la volonté paternelle son effet utile.

Du vote obligatoire.

16.

Le vote est un devoir, ou si l'on veut, une charge à laquelle nul n'a le droit de se soustraire, pas plus qu'à l'obligation de remplir les fonctions de juré, quand on est désigné par le sort, pas plus qu'on n'a le droit de se dispenser de payer ses contributions.

17.

En cas d'empêchement matériel et absolu de déplacement, dont il devra être justifié, l'électeur devra mettre son bulletin de vote sous une enveloppe cachetée et portant sa signature, laquelle sera certifiée sur l'enveloppe même par la signature de deux électeurs notables ou patentés, domiciliés dans la commune.

Cette enveloppe sera portée au scrutin par un membre de la famille, qui sera porteur de la carte constatant la qualité et le droit de l'électeur.

18.

Les abstentions constatées sans excuses valables donneront lieu à une amende de *vingt-cinq francs*, pour la première fois, qui donnera lieu à la privation des droits civils pendant trois ans, de *cinquante francs*, pour la seconde fois, avec interdiction des droits civils pendant six ans ; et de *cent francs*, pour la troisième fois, qui entraînera la mort civile pour une durée de dix ans.

19.

Le montant des amendes sera perçu par les agents du Trésor, au même titre et dans les mêmes formes que les contributions directes, sur la remise d'un tableau des dernières abstentions non justifiées. Ce tableau, dressé et signé par le bureau qui a présidé au dernier scrutin, dans la commune ou section, devra être certifié par le maire, légalisant les signatures.

20.

Les présidents de section seront nommés par le Conseil de famille.

Les Conseils de famille seront seuls chargés de la confection, de la révision, de la distribution et de la rectification des listes électorales, pour lesquelles tous les registres et pièces de la mairie seront mises à leur disposition.

De la carte d'électeur.

21.

La carte d'électeur portera les mentions suivantes, extraites d'un registre spécial, tenu à la mairie de chaque commune et dont un double sera remis au Conseil de famille :

Nom, prénoms, profession, date et lieu de naissance, domicile, durée de la résidence dans la commune, célibataire, marié ou veuf, et le bulletin d'inscription au rôle des contributions mobilières, signé du percepteur.

Les cartes d'électeur seront distribuées, par les soins du Conseil de famille, huit jours au moins avant le jour du vote, afin que les rectifications auxquelles elles donneraient lieu puissent être faites en temps utile.

22.

Le vote aura lieu à la commune, laquelle sera divisée, en raison de son étendue et de sa population, en un nombre de sections déterminé, une fois pour toutes, par le Conseil général de chaque département, sur la proposition du Conseil de famille.

De l'éligibilité.

23.

Tout Français, âgé de 30 ans révolus, et jouissant de ses droits civils, est éligible.

24.

Nul ne peut être élu hors du département dans lequel il a son domicile réel, sauf le cas où il posséderait dans un autre département une propriété ou exploitation immobilière ou industrielle.

Il devra, dans tous les cas, faire connaître le département dans lequel il se présente, au moment où il posera sa candidature.

25.

Les députés à l'Assemblée nationale se devant, avant tout, à leurs fonctions de députés, tout candidat exerçant des fonctions publiques salariées, ou une charge, profession ou industrie quelconque, devra déclarer publiquement, en posant sa candidature, son intention formelle de sacrifier à son mandat de député lesdites fonctions, charges ou industries, avec l'engagement de ne les reprendre, s'il y a lieu, qu'à l'expiration de son mandat.

N. B. — Les personnes qui connaissent les fraudes électorales de toute nature, si souvent reprochées aux municipalités révolutionnaires, ne seront pas surprises du soin que j'ai mis à leur enlever toute intervention, directe ou indirecte, dans les opérations matérielles relatives aux élections, afin de soustraire les magistrats municipaux aux influences locales qui peuvent peser sur eux, et leur arracher des actes répréhensibles, pouvant vicier l'expression du vote communal.

Je suis intimement convaincu que tous les hommes honnêtes qui étudieront, sans parti pris et sans idées préconçues, ces modifications proposées à la loi électorale, s'y rallieront entièrement, et consacreront toute leur influence à en assurer la prompte adoption, sauf les modifications et additions qu'il pourra comporter sur certains points qui m'auront échappé, ou sur lesquels je n'aurai pas cru devoir m'arrêter.

J'insiste, en terminant, sur cette nécessité impérieuse d'épurer et de moraliser le corps électoral en dégageant et déblayant les voies qui conduisent au scrutin, des éléments immondes qui l'obstruent et en faussent et dénaturent l'expression.

C'est donc une campagne sérieuse et immédiate à entreprendre pour proposer et faire adopter cette loi dans le plus bref délai possible. Que la majorité reste unie en face des dangers qui nous menacent, et cette loi triomphera de l'opposition que ne manquera pas de lui faire la gauche, secondée encore par le chef du pouvoir exécutif, et la loi votée, il ne restera plus à l'Assemblée qu'à exiger :

Le remplacement de tous les fonctionnaires politiques qui continuent les traditions du 4 septembre, et même de la Commune ;

Le renouvellement des conseils municipaux et des conseils généraux, sous l'empire de la nouvelle loi, en ayant soin de réserver la nomination de *tous* les maires au pouvoir central ;

La révision de la loi actuelle sur la presse, incapable de défendre la société contre les doctrines anarchiques qui la pénètrent et l'étreignent de toutes parts ;

L'épuration sérieuse du personnel et des doctrines universitaires, qui pèsent d'un si grand poids sur les idées et sur la vie entière d'une partie de la jeunesse française ;

La liberté de l'enseignement, sous la surveillance de l'Etat ;

Une bonne loi sur les associations, qui donne toute garantie aux droits et intérêts respectifs des patrons et des ouvriers, d'après les bases si libérales et si paternelles indiquées dans la lettre de M. le comte de Chambord, du 20 avril 1865 ;

La suppression des clubs et réunions publiques, qui ne sont autre chose que des écoles de provocation et de révolte contre l'autorité politique et religieuse.

Surtout, *pas de dissolution*, pas *d'élections générales*, avant la refonte de la loi électorale sur des bases qui moralisent et assurent aux idées d'ordre les avenues du scrutin.

Quand ces grandes mesures préliminaires seront accomplies, mais seulemement alors, notre pauvre patrie, moralisée, régénérée, pourra se promettre un avenir meilleur, basé sur la *purification* du suffrage universel, et sur le rappel de la monarchie légitime, seule capable de reconstruire et de consolider notre grand édifice social.

Alors nous pourrons dire :

La France est sauvée !

P. S. — Je n'ignore pas que des esprits éclairés et sérieux ne seraient pas éloignés de proposer le vote à *deux degrés,* tout en laissant subsister le vote universel actuel au premier degré.

J'avoue que mes réflexions sur ce côté de la question ne m'ont conduit à aucune solution rassurante. — Le vote à deux degrés, c'est l'inconnu, et l'inconnu, dans une situation aussi grave que celle où nous sommes, serait peut-être la perte de la France.

Il n'en est pas de même du vote universel actuel, car nous ne pouvons pas oublier que, dans deux circonstances mémorables et décisives, en 1848 et 1871, le vote universel a sauvé la France, en nous envoyant deux Assemblées monarchiques, malgré les vices nombreux et profonds qui lui sont propres, et dont je n'ai pas ménagé les couleurs dans ce travail.

Ma pensée est qu'il serait peut-être préférable de conserver le vote actuel, à la condition d'en assurer et *moraliser* l'exercice, par les moyens que j'indique, ou d'autres équivalents.

Mais n'oublions pas que, si nous voulons sincèrement et ardemment sauver notre infortuné pays, *il nous faut commencer par réformer la loi électorale*, qui est la base de l'édifice, et qui peut seule en assurer la stabilité et le couronnement.

Reims. Imp. V. Geoffroy et C°. rue Pluche. 24.